L'auteur
Dominique de Saint Mars

Après des études de sociologie,
elle a été journaliste à *Astrapi*.
Elle écrit des histoires
qui donnent la parole aux enfants
et traduisent leurs émotions.
Elle dit en souriant qu'elle a interviewé
au moins 100 000 enfants...
Ses deux fils, Arthur et Henri,
ont été ses premiers inspirateurs !
Prix de la Fondation pour l'Enfance.
Auteur de *On va avoir un bébé*,
Je grandis, *Les Filles et les Garçons*,
Léon a deux maisons et
Alice et Paul, copains d'école.

L'illustrateur
Serge Bloch

Cet observateur plein d'humour
et de tendresse est aussi un maître
de la mise en scène.
Tout en distillant son humour généreux
à longueur de cases, il aime faire sentir
la profondeur des sentiments.

Les Parents de Zoé divorcent

Ainsi va la vie

Les Parents de Zoé divorcent

Dominique de Saint Mars

Serge Bloch

CALLIGRAM

CHRISTIAN ALLIMARD

9

10

11

13

14

15

16

20

21

UN PEU PLUS TARD...

Ah ! Alain, bonjour.

Ah ! tu vois bien que tu es incapable de t'occuper de ta fille !

22

24

25

Je suis désolée pour toi, Zoé.
Je sais que c'est très dur.

Pour nous aussi, tu sais.
On souffre tous.

28

30

31

Je n'aime pas quand vous vous disputez ! Ça me fait pleurer, parce que moi, je suis un peu de vous deux...

33

34

35

36

38

39

40

Et toi...

Est-ce qu'il t'est arrivé la même histoire qu'à Zoé ?

Est-ce que l'histoire de Zoé
t'a fait penser à la tienne ou à celle d'enfants
que tu connais ?

Est-ce que tu as parlé du divorce
avec tes parents ? tes grands-parents ?
tes amis ? à l'école ?

Si l'un des parents divorcés dit du mal de l'autre,
ça empêche souvent l'enfant d'aimer autant ses deux
parents. Comprends-tu que, quand on est malheureux
ou en colère, on peut être injuste ?

Certains enfants ne peuvent voir régulièrement
leurs deux parents. Mais il y a des moyens
pour rester en contact : téléphone, lettre, cassette.
En connais-tu d'autre ?

43

Quand les enfants voient leurs parents tristes,
ils ont envie de les consoler. Mais n'est-ce pas mieux
que les parents se fassent aider par leurs amis
et que les enfants s'occupent bien d'eux-mêmes ?

Est-ce que, comme Zoé, tu as compris maintenant
que le divorce n'est pas de la faute des enfants,
et que c'est une affaire de grandes personnes ?

Penses-tu qu'un mari et une femme,
même s'ils se séparent, restent toujours
un papa et une maman ?

Après un divorce, les enfants peuvent avoir peur
ou envie que leurs parents se marient avec quelqu'un
d'autre. Connais-tu des enfants qui ont une deuxième
famille et qui s'y sentent bien ?

**Après avoir réfléchi
à ces questions
sur le divorce,
tu peux en parler
avec tes parents ou tes amis.**